Jochen Jülicher

Trotzdem heiraten

Ratgeber in einer ernsthaft-fröhlichen Angelegenheit
mit Texten, Gedichten, Übungen

Jochen
Jülicher

Trotzdem heiraten

Ratgeber in einer
ernsthaft-fröhlichen Angelegenheit
mit Texten, Gedichten, Übungen

echter

Für Constanze

Bibliografische Information der Deutschen Bibliothek
Die Deutsche Bibliothek verzeichnet diese Publikation in der Deutschen Nationalbibliografie; detaillierte bibliografische Daten sind im Internet über <http://dnb.ddb.de> abrufbar.

www.echter-verlag.de
Umschlag: Peter Hellmund (Foto: gettyone)
Druck und Bindung: Friedrich Pustet, Regensburg
ISBN 3-429-02770-5

Inhalt

1. Trotzdem heiraten

50% schaffen es. Immerhin.

Jeder kennt irgendwo jemanden, wo es schief gegangen ist, oft im direkten Umfeld. Und ausgerechnet das Paar, von dem man sich ganz sicher war, dass alles gut sei, ist gerade dabei, sich zu trennen. Man kann es eigentlich schon nicht mehr hören. Doch es ist nicht einfach eine Lotterie, zu welcher Hälfte man gehört, nein, man kann wirklich etwas daran tun, zu den „Richtigen“ zu gehören. Mehr dazu in diesem Buch.

Liebe neigt zum Widerspruch: gegen den „Lauf der Dinge“, gegen Pessimismus, gegen dieses „das schafft ihr nie“. – Wir schaffen es, wetten?

Oder ist es einfach nur Sehnsucht nach Geborgenheit, vermeintlichem Glück, nach einer überschaubaren kleinen Welt im riesigen Kosmos oder romantische Illusion, was (nicht nur) junge Menschen zum Heiraten treibt? Man könnte doch auch ganz gut „nur so" zusammenleben. Und doch: Es fehlt etwas. Es ist nicht grundsätzlich etwas Neues, was da passiert im Übergang von der „Beziehung" zur Ehe, es ist ein qualitativer Schritt, Heiraten, Ehe ist „mehr". Und auch mal ganz praktisch: Spätestens mit dem Kinderwunsch ist es vorbei mit dem „nur so" – weil es eben nicht mehr „nur so" ist.

Heiraten ist mehr.

Heiraten ist bekräftigen, dass man sich liebt. Und obwohl sich doch in der Beziehung augenscheinlich gar nichts ändert, ändert sich trotzdem etwas. Oft ist Heiraten wie ein Schub, den Paare erleben, der sie vorantreibt, in eine neue Phase ihrer Verbundenheit – eine Tür, die sich erst dann öffnet, in dem Moment, da man durch sie hindurchgeht. Es geschieht eben doch mehr zwischen Himmel und Erde, als man sich vorher ausmalt.

Heiraten erfordert Mut. Man legt sich fest („frau" auch). Das kann für einen Moment oder länger beengend sein, aber es gibt auch Geborgenheit. Man schlägt gemeinsam eine

Richtung ein, auf Gedeih und Verderb. Es ist manchmal wie eine Schleuse, durch die man gemeinsam geht – jeder für sich und beide gemeinsam.

Heiraten ist die Krönung – eine Krone, die man sich nicht einfach selber aufsetzt, sondern die einem gemeinsam aufgesetzt ist; eine Verbindung, die zwei als Geschenk erfahren, die durch die Heirat auch ihrer Dankbarkeit dafür Ausdruck geben. Liebe drängt nach außen. Da steckt etwas drin, was man nicht für sich selbst behalten will. Keine „Show“, wohl aber „Ausdruck“, zum Ausdruck bringen, was an Liebe da ist, spürbar machen, sichtbar für viele.

Heiraten ist Etappenziel und Neubeginn.

Ganz nebenbei wird die Schwester des Partners zur Schwägerin, werden die Eltern von ihm oder ihr zu Schwiegereltern und, ach ja, aus Teilzeit-Lebensgefährten wird ein Ehepaar.

Die meisten Brautpaare, mit denen ich bis dato gesprochen habe, machen sich übrigens über die „Erfolgsquote“ von 50 % keine Illusionen, sie versuchen's halt, in dem Wissen, dass es auch schief gehen kann. Aber sollte man es deshalb etwa lassen? Heiraten ist auch Ausdruck dafür, dass man aneinander und an sich selbst, an das eigene Glück zu zweit glaubt, sich wirklich aufeinander einlässt. Die Statistik ist halt nur Statistik, sagt etwas über „Risiken und Nebenwirkungen“, nicht mehr, nicht weniger. Und auch wenn es kein Argument ist, wohl aber Realität: Wenn man verheiratet ist, geht man nicht so schnell auseinander.

Heiraten, das ist auch feierlich begehen, dass man den richtigen Partner/die richtige Partnerin gefunden hat, auf den/die man sich festlegen will, für immer, ganz ausdrücklich, wenn auch mit dem klaren Wissen, dass es sein kann, dass es nicht für immer ist, sondern halt so lange und so wie man zusammenbleiben kann und will.

Liebe feiern: mehr als die Unterschrift im Standesamt oder der mehr oder weniger festliche (Entschuldigung) „Zirkus“, den manche Standesämter drumherum veranstalten auf der Suche nach Originalität und erhöhter Zufuhr in die Gemeindekasse.

Liebe feiern: dem Gestalt und Worte geben, was zwischen uns beiden entstanden ist, wovon wir leben und wofür. Und das teilen mit denen, die es etwas angeht, die nahe stehen, nahe sind. Es geht mehrere an als nur uns beide, auch wenn es etwas gibt, was unteilbar ist, nur für uns – aber das sollen sie dann auch wissen und spüren.

Ja sagen – ja ist ja und nicht „jein“. Ja zu dir, zu mir, zu uns. Ja zur Gegenwart, ja zur Vergangenheit, ja zur gemeinsamen Zukunft. So wie du bist, nicht so wie ich dich manchmal gerne hätte. Ja zur Realität, nicht zur verträumten Illusion.

Sich etwas versprechen, konkret, aus der gelebten gemeinsamen Erfahrung heraus. Sich ein Versprechen geben. Kann man das überhaupt, sich etwas versprechen?

Man kann. Keine Sicherheiten im Sinne verriegelter, einbruchssicherer Türen und Panzerglas, aber innere Sicherheit, Herzensausrichtung, ehrliches Bemühen – nicht mehr, nicht weniger. Versprechen kostet was. Nicht: „Ich möchte, dass unsere Ehe in dreißig Jahren noch genauso lebendig ist wie jetzt.“ Eher: „Ich werde alles dafür tun, was mir möglich ist, damit unsere Ehe in dreißig Jahren noch genauso lebendig ist wie jetzt.“ Ein Versprechen ist ein Engagement, keine Wunschliste.

Versprechen ist auch, ja, eine Verpflichtung: Ich werde dich nicht allein lassen, wenn es dir schlecht geht, werde für dich da sein, sorgen. Du sollst wissen, dass du gerade dann auf mich zählen kannst, „in guten wie in schlechten Tagen.“

Trauzeuge sein – mehr als nur ein Ehrenamt für Geschwister oder besonders gute Freunde. Trauzeugen sind Paten für die Beziehung, frei gewählt, einverstanden, verbunden mit dem Brautpaar. Da können sie hingehen, wenn sie Unterstützung brauchen, sei es moralisch oder auch einfach nur beim nächsten Umzug.

Segen.

Aber ja doch, auch wenn man nicht jeden Sonntag in der Kirche sitzt. Oder nie. Oder vielleicht erst mal an gar nichts glaubt. Segen ist ein Wunsch, eine Bitte, dass die Liebe, die zwischen den beiden aufgeblüht ist, sie weiterleitet, sie die richtigen Schritte setzen lässt, einen nach dem anderen. Ich segne dich – du bist mir ein Segen. Aufgenommen in die Liebe, die größer ist als nur wir beide. Für manche hat diese Liebe einen Namen: Gott. So bitten wir den „Liebe(n)-Gott“ um seinen Segen.

Trotzdem heiraten

- obwohl wir wissen,
  dass so viele es nicht schaffen
- obwohl wir wissen, dass man
  sich im Grunde nichts „für immer“
  versprechen kann
- obwohl viele sagen, das sei altmodisch
- obwohl manche immer noch sagen,
  es gehöre sich so
- obwohl man auch einfach
  so zusammenleben könnte
- obwohl wir gar nicht heiraten müssen

- obwohl wir uns nicht an Ketten legen wollen
- weil wir es wirklich ernst meinen
- weil du du bist und ich ich bin und wir wir sind
- weil ich mir ein Leben ohne dich nicht mehr vorstellen kann und will
- weil unsere Liebe nicht geheim bleiben soll
- weil wir an Liebe glauben und Gott um Segen bitten wollen
- weil wir zusammenpassen und gemeinsam durch dick und dünn gehen
- weil wir uns zu unserer Liebe bekennen wollen
- weil wir davon ausgehen, dass wir tatsächlich „lebenslänglich“ haben
- weil wir vielleicht irgendwann auch mal zu dritt sein wollen
- weil das, was wir miteinander erleben, ein Fest ist und ein Fest wert ist
- weil wir unsere Zusammengehörigkeit dokumentieren und stärken wollen
- weil ich sagen will: Du bist meine Frau – Du bist mein Mann
- weil wir gemeinsam alt werden wollen und jung bleiben
- weil es eine runde Sache ist.

Und eines weiß ich:

Du sollst es werden, da bin ich mir ganz sicher: **Du!**

2. Warum sollte ich dir etwas versprechen?

Reicht es denn nicht, dass und wie wir zusammen sind?

Kann man sich überhaupt wirklich etwas versprechen?
Man kann!

Garantien gibt es nicht, auch wenn man sie vielleicht gern hätte oder geben würde. Versprechen heißt vom Wortursprung her „vorausspreehen“, vorwegschicken, in diesem Sinne (für die Zukunft) „zusagen“. Das ist die verbindliche (und verbindende) Ausrichtung; das ist der Einsatz, den man gibt. Es geht nicht um Kleinigkeiten, es geht wirklich um alles.

Selbst wenn es schief gehen sollte, komme ich da nicht mehr ohne Folgen heraus. Mein Versprechen bindet mich, materiell, aber vor allem seelisch. Es bindet mich an dich, an uns. Kein frommer Spruch, sondern etwas aus dem Innersten meines Herzens. Wenn das Versprechen entzweibricht, zerreißt es dich und mich. Das ist mein Einsatz, mein Leben: Ich will und werde alles dafür tun, dass wir verbunden bleiben. Versprochen!

Darin kann man verschiedene Akzente setzen, denn dieses „Alles“ ist nicht für jeden dasselbe.

Wir versprechen uns etwas von unserem Zusammensein.

Wir versprechen uns etwas für unser Zusammensein.

Ich heirate Dich, weil mein Herz und meine Gedanken immer mit Dir gefüllt sind.

Du gibst mir den Halt, die Wärme und die Zuneigung, die mir in dieser schnelllebigen Welt oft sehr fehlen.

Ich heirate Dich, weil es mir bei Dir an nichts mangelt.

Du ergänzt mich, und ich ergänze Dich.

Du bist mir so vertraut, und trotzdem bist Du für mich nicht langweilig.

Ich bin Dir so vertraut,
und Du wendest es nicht gegen mich an.

Ich verspreche Dir, dass es mehr als nur Worte sind, die Dich merken lassen, dass ich Dich liebe.

Ich verspreche Dir, aufrichtig mit Dir zu leben,
Dir gegenüber absolut ehrlich zu sein.

Ich verspreche Dir, dass bei uns ein Streit
kein Grund für eine Trennung sein wird.

Ich verspreche Dir, auch dann mit Dir zu
reden, wenn Schweigen einfacher wäre.

Ich werde für Dich da sein,
wenn Du mich am nötigsten brauchst.

Du wirst nie das Gefühl haben,
alleine dazustehen.

Ich werde Dir treu sein.

Daran will ich mich halten, solange ich lebe,
weil ich Dich liebe.

Oder andersherum, wenn einer euch fragt:

Seid ihr bereit, die Liebe und das Vertrauen in euch, den Respekt und die Ehrlichkeit, die zwischen euch gewachsen sind, auch in Zukunft zu pflegen, damit ihr daran wachsen könnt? –

Ja, das sind wir.

Wollt ihr auch weiterhin zueinander stehen, euch gegenseitig mit klarem Blick in euren Stärken und in euren Schwächen annehmen, nicht die Schwäche des anderen zum eigenen Vorteil ausnutzen, sondern euch gegenseitig in euren Fähigkeiten fördern und unterstützen? –

Ja, das wollen wir.

Wollt ihr euch bemühen, eure Gemeinsamkeiten zu stärken, ohne den anderen zu vereinnahmen, einander die Freiräume zu lassen, die jeder von euch braucht, und die eigenen Freiräume in Treue zueinander zu erleben? –

Ja, das wollen wir.

Gut, wir sind Menschen, Menschen können irren. Doch wenn man sich einem anderen versprochen hat, dann wird dies immer Teil des eigenen Lebens bleiben, auch wenn man getrennte Wege geht. Manchmal ist es vernünftiger, dies zu tun. Die Wunden, die das schlägt, brauchen ihre volle Zeit, um zu heilen – Narben werden trotzdem bleiben. Das geht nicht „mal eben“. Der andere wird auch in diesem Fall ein nicht zu verleugnender Teil meines Lebens bleiben.

Wenn man sich ehrlich mit der Situation, der eigenen und der des anderen, auseinander gesetzt hat, dann hat ein Mensch, finde ich, auch wieder eine zweite Chance verdient. Es gibt eine Gnade, die vor Recht ergeht. Noch eine Chance – diesmal für immer.

3. Zu zweit zu sein

Sollen wir nicht einfach zusammenziehen?

Wir verbringen doch sowieso schon jede freie Minute zusammen. Da kann man sich doch eine Wohnung sparen. Wir brauchen uns nicht immer zu verabreden, nicht ständig an die Sachen zu denken, die wir mitnehmen müssen für morgen. Und außerdem ist es einfach toll. Ich wünsche mir nichts sehnlicher, als Tag und Nacht mit dir zusammen zu sein.

Es sind augenscheinlich ganz überzeugende Argumente, die dafür sprechen. Was kann da schon schief gehen, schließlich haben wir uns doch lieb, oder?
Klar, es ist wunderschön, so zu zweit. Aber verliebt sein und zusammenwohnen, zusammenleben, das sind nicht selten zwei Paar Schuhe. Es will gut und vor allem ganz ehrlich überlegt sein.

„Zu zweit zu sein, nein, das schien mir gar nicht schwer, mein Herz, das war übervoll, meine Taschen leer.“

aus „Lotte“, Stephan Sulke, Liedermacher

Es können beim Umzug nämlich gleichsam eine ganze Reihe von Dingen mitkommen, von denen man vorher kaum etwas bemerkt hatte. Es kann sich plötzlich die Angst einschleichen: Werde ich noch genug Freiraum haben? Wird er oder wird sie mich nicht bevormunden? Muss ich jetzt ständig sagen, wann ich zurück bin, wenn ich weggehe? Oder innere Bequemlichkeit: Jetzt brauche ich nicht mehr nachzudenken, wie ich leben soll; das übernimmt er/sie für mich. Für manche ist es nämlich ungeheuer schwer, selbst zu leben, und nur allzu leicht erliegt man der Versuchung, die Verantwortung für das eigene Leben auf den Partner abzuwälzen.

So schön es auch ist, Tag und Nacht zusammen zu sein – es kann manchmal auch ganz schön anstrengend sein. Man ist halt ständig in ganz konkretem Bezug auf den anderen, selbst wenn er gerade mal nicht da ist, und das weitaus konkreter und intensiver, als wenn man noch getrennt wohnt und sein eigenes Reich hat. Wenn man bisher noch zu Hause bei den Eltern wohnt, ist es vielleicht sinnvoll, erst einmal für einige Zeit einen eigenen Haushalt zu führen, mit allem Drum und Dran, von Einkaufen über Wäschewaschen und Putzen bis hin zur Haustüre, die man hinter sich schließen kann mit dem Gedanken: „So, jetzt erst mal gar nichts, dies hier ist mein Zuhause!"

Der Übergang ist mit zwanzig ein anderer als mit vierzig oder fünfzig. Aber was bei den Jüngeren die Neugier und der nicht so weit entwickelte Lebensstil erleichtert, wird bei weniger jungen Paaren kompensiert durch Erfahrung, durch Stärke im eigenen Ich, durch ruhige Kompromisse.

Zweisamkeit beinhaltet auch ein Stück Eigenständigkeit. Selber für das eigene Leben einstehen, auch und gerade da, wo es keine Kontrolle gibt und geben soll. Ohne Eigenständigkeit keine Partnerschaft. Es gibt da nämlich zwei weit verbreitete Irrtümer.

Der erste Irrtum

ist der, dass einem solch eine Partnerschaft einfach in den Schoß fällt. Partnerschaft ist ein Geschenk, etwas, was man entdeckt und findet – das stimmt. Aber es ist eine Art von Geschenk, das man sehr wohl pflegen muss, woran man arbeiten muss, oft in Kleinigkeiten, sonst geht es tatsächlich verloren – aber man kann es auch wieder finden und aufbauen, das zum Trost. Und dass man dieses Geschenk findet, ist immer ein klein wenig mehr als nur Zufall.

Der zweite Irrtum

besteht darin, dass man meint, man müsse für eine Partnerschaft nur den richtigen Partner haben. Natürlich gibt es ohne Partner keine Partnerschaft; aber es ist nur ein Teil der Wahrheit, sogar nur der kleinere Teil. Die wichtigste Voraussetzung ist nämlich die, dass man selber erst einmal „Partner" ist, dass man innerlich erwachsen genug ist, dass man sich nicht an den anderen kettet, sondern selbst seinen Mann/seine Frau im Leben steht, denn Partnerschaft gibt es halt nur mit erwachsenen Partnern, und eine Symbiose (wie deckungsgleiche Bierdeckel) ist längst noch keine Partnerschaft. Deshalb ist es wichtig, dass es nicht nur Gleichheit, sondern auch Unterschiede gibt, und dass man sich konstruktiv damit auseinander setzt.

Wenn man zusammenzieht, dann fängt eine neue Lebens- und auch eine neue Beziehungsphase an. Der Schritt über die (Tür-)Schwelle ist ein echter Schritt. Manchmal geht das ganz glatt und selbstverständlich, manchmal auch etwas holprig, aber es ist in jedem Falle gut, sich dessen bewusst zu sein, es auch zu genießen, dass etwas Neues, konkret Gemeinsames anfängt. Es gibt ein „Wir“ und das hat seinen eigenen konkreten Standort. Wir bauen uns etwas Gemeinsames auf, wir teilen, wir verbinden unseren Alltag. Alltag ist Alltag, nicht immer nur festlich, gut gelaunt und verliebt. Auch muffig, schwankend, mal gut oder mal schlecht gelaunt, mal auch mit gar keiner Lust zu irgendwas. Man kann sich nicht entweichen, nicht alles einfach so auf später verschieben. Manchmal trägt die Euphorie, das herrliche Gefühl, nicht mehr allein zu sein. Manchmal muss man auch einfach durchhalten, wenn es sich gerade mal nicht so rosig anfühlt. Das Band, die Bindung wird stärker, alltagstauglich. Bindung ist kein Selbstläufer, dafür muss man konkret etwas tun, täglich. Und doch ist es schon ein kleines Wunder, dass man so zusammen ist und sein darf. Wirkliche Wunder geschehen nicht sensationsträchtig in Sekundenschnelle, sondern in Jahren gelebten und geliebten Alltags. Und das ist wirklich sensationell.

4. Dir wirklich nahe – über Sexualität

Bei einer Goldenen Hochzeit hat mir der Jubilar im Vorgespräch einmal Folgendes anvertraut:

„Ach wissen Sie, neunzig Prozent einer Ehe sind Freundschaft, aber die restlichen zehn Prozent sind auch ganz nett."

Es war ziemlich eindeutig, was er mit diesen „restlichen zehn Prozent" meinte, und ich fand es auch ganz in Ordnung, dies nach so vielen Jahren einmal so einzuordnen. Er gab damit der Sexualität einen Stellenwert, der gemeinhin vermutlich höher eingeschätzt wird als besagte zehn Prozent. Darüber mag man lange diskutieren, es wird von Paar zu Paar und je nach Lebensalter vermutlich auch sehr verschieden sein, aber vielleicht ist es gut, zweierlei festzuhalten: 1. Die Sexualität steht nicht losgelöst vom gesamten Beziehungszusammenhang, sie ist integraler Teil der Beziehung, Ausdruck derselben und oft genug auch ein Spiegel dafür, wie es wirklich um sie steht. 2. Sexualität ist nicht das Wichtigste in der Ehe, aber sie ist auch nicht unwichtig; sie ist konstruktiv für die Beziehung, ist „mehr“ als Freundschaft. Aber man kann nicht hingehen und sagen: „Wir streichen die Sexualität heraus, und dann haben wir Freundschaft übrig“, denn es gibt diese Beziehung nur als verwobenes Ganzes, nicht in ausgewählten Teilen. Sexualität ist eine Form von Nähe, wie es sie halt nur in dieser Beziehung auf diese Art und Weise gibt, und das ist sehr kostbar.

Sexualität ist Nähe mit Leib und Seele

Ich will dies gar nicht idealisieren oder hochstilisieren, denn es gibt darin auch eine Menge Fragen, Ängste, destruktives Verhalten; es gibt Krisen, es gibt Momente, wo „Mann“ in Gedanken gleichsam mit jeder Frau ins Bett gehen könnte, nur nicht mit der, mit der er zusammen ist; oder solche, wo „Frau“ sich für alles öffnen kann, nur nicht für die direkte, körperliche Begegnung mit dem einen, der zu ihr gehört. Und natürlich gibt es Höhen und Tiefen darin, wie in den „restlichen neunzig Prozent“ auch.

Aber wichtig ist, dass Sexualität integriert ist in die Beziehung, nicht verselbstständigt und losgelöst. Da muss man mit der Zeit mal aufräumen mit potenten Bildern, wer „es" wann mit wem und wie lange „kann"; da geht die visuelle, auf den äußeren Reiz fixierte Sexualität mit der Zeit und vor allem mit wachsender Vertrautheit mehr und mehr über in eine sensuelle, auf das Fühlen und die persönliche Nähe ausgerichtete Sexualität, ohne übrigens den äußeren Reiz je ganz zu verlieren. Bei manchen Paaren, mit denen ich im Vorfeld ihrer Trauung spreche, kann ich genau spüren, dass sie in ihrer langsam wachsenden Vertrautheit und natürlich auch in den Erfahrungen, die dieser Beziehung vorausgingen, ein Gefühl für echte Zärtlichkeit entwickelt haben, die den anderen respektiert und (mit einem ganz alten Wort) mit Ehrfurcht behandelt; worin man zusammenkommt, sich nahe ist, wobei „es" dann passieren kann oder auch nicht – das ist gar nicht so wichtig, steht nicht im Blickpunkt. Sondern es geht um Nähe, um Zweisamkeit, um Begegnung, und dem ist alles untergeordnet, darin ist alles integriert, die wilde Lust genauso wie das kleine, ängstliche Kind, das nur Geborgenheit sucht. Dann ist es herrlich, einander auf diese Art nahe zu sein, den anderen zu spüren wie sich selbst, am eigenen Leib eine Vertrautheit zu erfahren, wie man sie eigentlich kaum für möglich hält. In Lust zu schwelgen und manchmal auch wieder einfach nur „Sex zu haben“. Tabus gibt es wirklich nur da, wo der Respekt vor dem anderen, vor seiner Person leidet, und es bleibt die Verantwortung dafür, wenn es zur Zeugung eines Kindes kommt.

5.

„Setzt alles auf die Liebe"

Wenn ich in allen Sprachen und wie ein Engel sprechen könnte, hätte aber die Liebe nicht, wäre ich nichts als ein dröhnender Gong oder eine lärmende Pauke.
Und wenn ich prophetisch reden könnte, alle Geheimnisse Gottes wüsste und alle Erkenntnis hätte; wenn ich alle Glaubenskraft besäße und sogar Berge damit versetzen könnte, hätte aber die Liebe nicht, wäre ich nichts.
Wenn ich meinen ganzen Besitz verschenkte, und wenn ich meinen Leib dem Feuer überließe, hätte aber die Liebe nicht, nützte es mir nichts.

Liebe ist langmütig, Liebe ist gütig. Sie ereifert sich nicht, sie prahlt nicht, sie spielt sich nicht auf. Sie handelt nicht ungehörig, sucht nicht nach ihrem Vorteil, lässt sich nicht zum Zorn reizen, trägt Böses nicht nach. Sie freut sich nicht über Unrecht, sondern freut sich an der Wahrheit. Sie erträgt alles, glaubt alles, hofft alles, hält allem stand.

Liebe hört niemals auf.
Glaube, Hoffnung, Liebe – diese drei bleiben für immer; doch am größten unter ihnen ist die Liebe.

Setzt alles auf die Liebe.

nach
1 Kor 13

6. Altmodisch, aber schön: Verlobung

Nein,

notwendig ist es nicht, sich zu verloben. Und wenn man keine zwanzig mehr ist oder gar die vier oder fünf „vor dem Komma“ stehen hat, mag es auch noch ein wenig komisch klingen, wenn man heutzutage von ihm oder ihr als „meinem/meiner Verlobten“ spricht. Aber schön ist es trotzdem, wenn man fragt: „Willst du meine Frau werden?“ Traditionell ist es der Mann, der diese Frage stellt, aber nicht selten kommt die Eingebung dazu sehr wohl zuvor von der anderen Seite.

Der Heiratsantrag

ist der Auftakt zur Verlobung – immer vorausgesetzt, „sie“ sagt ja. Denn so etwas behält man nicht einfach für sich. Es ist ein erstes offizielles „Coming-out“: Ja, wir wollen unseren Weg gemeinsam gehen und treffen jetzt die Vorbereitungen dafür, innerlich und in absehbarer Zeit auch äußerlich.

Verlobung

Ich gelobe dir, dein Mann/deine Frau zu werden. Wir haben noch ein Stück Weg zu gehen, bis es wirklich so weit ist, bis der richtige Moment dafür gekommen ist, aber wir entwickeln uns dorthin, darauf zu, für immer zusammen zu sein. Eine Beziehung wächst, und es gibt Stufen in diesem Wachstumsprozess, vom ersten Kuss bis hin zur förmlichen und feierlichen Eheschließung. Bei Letzterer enden übrigens fast alle Liebesepisoden in Romanen oder im Film (dieses Buch geht immerhin noch einen kleinen Schritt weiter), aber das ist nicht das Ende des Wachstums in der Beziehung, bei weitem nicht!

Auch die Verlobung ist ein ganz wichtiger Zwischenschritt. Es entsteht tatsächlich eine festere Bindung. Es ist eine offizielle Absichtserklärung, und die ist alles andere als unverbindlich, sie ist sogar sehr verbindend. Es ist, als ob man durch ein Tor treten würde, wohinter sich eine neue Perspektive eröffnet. Äußerlich mag alles bleiben wie vorher, aber innerlich wird damit ein echter Schritt getan, und das spürt man.

Die Verlobungsringe

geben dem Ausdruck. Äußerlich auf den ersten Blick kaum mehr von Eheringen zu unterscheiden, signalisieren sie: Ich bin gebunden, ich bin nicht mehr frei zu haben, ich habe mich für einen bestimmten Menschen entschieden, vorläufig, aber sozusagen „mit Verlängerungsoption“ auf ewig. Ich gehe jetzt einfach mal davon aus: Er/sie ist es für mich, und mal sehen, was dann geschieht.

„Es ist uns ernst, wir üben schon mal" – bis später!

7. „Up-Dates"

Jeder weiß,

was ein „Date“ ist; die vorige Generation sprach noch mehrheitlich von einem „Rendezvous“, zu Deutsch „Trefft-euch“. Heute macht man halt eine Absprache, legt eine Zeit, ein „Date“ dafür fest. Im Vorfeld der Ehe und im Beziehungsaufbau ist das ganz selbstverständlich und nötig.

Wenn man heiratet,

dann ist dies sozusagen „das volle Programm“. Aber wie das so ist mit jedem guten Programm, es braucht ein regelmäßiges Update. Es bedarf der Übermittlung neuer Daten, kleinerer Programmveränderungen, und es bedarf auch der Zeit dafür, man muss weiter „Dates“ machen, im vollen Sinne „Up-

Dates“. Es ist meines Erachtens gut, es sich quasi auf der Festplatte so einzurichten, dass da in regelmäßigen Abständen gefragt wird, wie es einem wirklich geht, wie es um die Beziehung steht, ob beide an das kommen, was für sie und ihre erste und wichtigste Beziehung notwendig ist.

Ich glaube,

alle zwei Wochen oder noch besser einmal die Woche einen Abend oder wenigstens zwei Stunden nur für sich zu zweit, das kann man schaffen, wenn man will; und es ist für eine gute Beziehung ganz, ganz wichtig, auch und gerade unter stresshaften Bedingungen. Das ist kein Egoismus, sondern notwendige Basisarbeit. Damit stiehlt man sich nicht aus der Verantwortung, die man den eigenen Kindern, Freunden, Verwandten gegenüber hat, sondern im Gegenteil, man schafft die Voraussetzungen dafür, sich dem wirklich gemeinsam zu stellen. So weicht man sich eben gerade nicht aus, denn unter dem Vorzeichen anderer Verpflichtungen kann man sich sonst zu zweit auch einfach aus dem Wege gehen, sich aus der wichtigsten Verantwortung stehlen, nämlich der, sich direkt zu begegnen, ohne Vermittlung über tatsächliche oder vermeintliche Pflichten. Und mit Verlaub: Es muss auch einem Kind nicht unbedingt schaden, einmal für begrenzte Zeit bei anderen zu sein, von jemand anderem versorgt zu sein, damit die Voraussetzungen dafür geschaffen werden, dass es zu Hause sicher und geborgen wachsen und gedeihen kann.

Man muss die Zweisamkeit pflegen,

damit sie funktionieren und andere(s) tragen kann. Wenn man das nicht tut, geht auf die Dauer wirklich die Basis verloren.

Dazu einmal im Monat,

z.B. an dem Tag im Monat, an dem man sich kennen gelernt („der 15.“) oder an dem man geheiratet hat, eine kleine Aufmerksamkeit, ein Gedanke daran, wie gut es doch ist, so zu zweit zusammen zu sein, das ist kein Luxus. Und einmal im Jahr muss an diesem Tag auch ein Fest sein.

Es gehört zum „kleinen Einmaleins“ der Zweisamkeit, dass man sie selbst nicht vernachlässigt und ihr auch nicht aus dem Wege geht, denn – so komisch es klingen mag – manchmal sind Sorgen, Pflichten und Verpflichtungen einfach der bequemere Weg. Denn dann braucht man sich, wie gesehen, nicht dem anderen zu stellen, man kann ausweichen, sich von anderem bestimmen lassen, braucht nicht in die Tiefe der Verbindung zu gehen, weil die Breite der vielen gemeinsamen(?) Dinge so viel Aufmerksamkeit erfordert.

Vermutlich

kennen Sie alle die Geschichte von dem kleinen Prinzen und dem Fuchs, worin der Fuchs den kleinen Prinzen bittet, ihn zu „zähmen“, d. h. sich vertraut zu machen, sich (gegenseitig) zu öffnen, sich zuzulassen. Die Geschichte endet dann mit den bekannten Sätzen: „Man sieht nur mit dem Herzen gut. Das Wesentliche ist für die Augen unsichtbar.“ Und: „Du bist zeitlebens für das verantwortlich, was du dir vertraut gemacht hast.“
Was aber geschieht, wenn man sich vertraut gemacht, „gezähmt“ hat? Das ist nämlich keine einmalige Sache! Sich vertraut machen, das muss man nämlich auch noch, wenn man schon jahrelang beisammen ist. Man muss Vertrauen aufbauen, sich selbst öffnen, sich dem/der Partner(in) zeigen, nicht einfach dar-

auf vertrauen, dass er/sie es schon verstehen wird. Anfangs ist das vielleicht so, aber gerade wenn man schon länger beisammen ist, ist es wichtig, dass man sich ab und zu mal wieder neu kennen lernt, sich noch einmal, gleichsam ganz von vorne, wieder vertraut macht, sich gegenseitig „zähmt".

Nur für den Anfang mal eine kleine Übung zur Anregung.

Die kann man zu zweit machen, aber auch für sich alleine:
Stellen Sie sich vor, Sie wären noch einmal alleine im Urlaub und treffen dort am Strand oder im Gebirge eine alte Freundin oder einen alten Freund, eine(n) Klassenkamerad(in) vielleicht, jahrelang nicht mehr gesehen: „Mensch, dich hier zu treffen, wie klein ist doch die Welt, ist ja unglaublich! Und, wie geht es dir?" – „Mir geht's prima, ich habe vor kurzem geheiratet (oder: ich heirate demnächst)." – Du hast geheiratet? Wen hast du denn geheiratet?"

Was sagen Sie dann?

Es reicht nicht, einen Namen zu nennen oder allein die Geschichte des Kennenlernens zu erzählen. Sie sollten sich schon die Mühe machen, ihn/sie konkret zu beschreiben: Was ist es für ein Mensch? Was hat er für einen Charakter? Welche Eigenschaften hat er? Was tut er gern, was nicht? Hat er auch schwache Seiten oder wachsen ihm demnächst noch Flügelchen auf dem Rücken?

Und auch: Was haben wir gemeinsam? Was tun wir gern zusammen, was nicht? In welchen Eigenschaften ergänzen wir uns? Wo liegen unsere Streitpunkte? Was waren unsere schönsten Momente bis jetzt?

Wenn ich mir etwas wünschen könnte für ihn/sie, was würde ich mir wünschen?

8. Wenn immer Frieden ist, muss einer blöd sein: Konflikte leben lernen

Manche Paare,

die schon einige Jahre zusammenleben, erzählen mir beim Vorbereitungsgespräch für die Hochzeit voller Stolz, dass sie sich eigentlich nie streiten. Sie sind dann völlig überrascht, wenn ich nicht auch gleich begeistert reagiere, denn Harmonie gilt ihnen als ein klares Zeichen dafür, dass sie gut zusammenpassen. Das kann durchaus so sein, aber in der Regel ist es anders. Gerade bei jungen Paaren ist die Angleichung aneinander noch sehr stark, und es ist schwer, die jeweiligen Eigenheiten herauszuhören, zu spüren und zur Geltung zu bringen. Sie sind da, aber sie sind (noch) nicht so richtig ausgeprägt, kommen jedoch ganz plötzlich aus ihrem Versteck, wenn die Beziehung auf irgendeine Art unter Druck gerät.

Natürlich

kann und muss man keinem irgendwelche Konflikte aufschwätzen, die er nicht sieht und empfindet, aber stete Harmonie ist noch lange kein Garant für eine funktionierende Zweisamkeit. Mehr Vertrauen habe ich bei Paaren, die gelernt haben, zuzulassen, dass sie in ihrem Empfinden auch schon mal weit auseinander liegen, dass sie mitunter verschiedene Ansichten haben und dass man Streitigkeiten so austragen kann, dass am Ende beide einen Schritt weiter sind.

Wenn ein Paar sich streitet,

gibt es am Ende nicht einen Gewinner und einen Verlierer, sondern es gibt entweder zwei Gewinner oder zwei Verlierer. Es ist, glaube ich, sehr wichtig, sich richtig streiten zu lernen. Richtig will sagen: so, dass man nicht gegeneinander, sondern miteinander und für etwas streitet, und dass man auf diese Art miteinander Fortschritte macht, die man auf andere Art gar nicht hinbekommt.

Bewährungsproben bestehen,

Zeiten und Momente aushalten, in denen man sich nicht versteht, nicht zueinander findet, auch wenn man es noch so gerne will. – Wenn von außen Schwierigkeiten in die Beziehung hineindrängen und sie unter Druck setzen, z.B. durch Probleme bei der Arbeit, durch Streit in der (Herkunfts-)Familie oder im Freundeskreis oder was auch immer, lohnt sich stets auch ein Blick nach innen, d. h. auf das, was dadurch in der Beziehung der beiden Partner hervorgerufen wird. Einer äußeren Schwierigkeit oder Bedrohung entspricht, wenn man genau hinschaut und „hinspürt“, (fast) immer auch eine innere; sie spiegelt sich gleichsam in der Beziehung. Oft ist es das Entscheidende, die innere Bewährungsprobe zu bestehen, die zeitlich nicht immer parallel zur äußeren Herausforderung steht. Positive Ansätze in der inneren Bewährung zeigen sich postwendend im äußeren Bereich, und sei es auch nur dadurch, dass man eine andere Perspektive gewinnt und dadurch manches anders sieht und so neue Mittel und Wege findet.

Aggressiv bleiben.

Ich glaube, es ist gerade in einer auf Dauer („lebenslänglich“) angelegten Beziehung sehr wichtig, attraktiv und „aggressiv“ (wörtlich übersetzt „zugehend“) zu bleiben, Ecken und Kanten nicht einfach zu ignorieren, sich mit Fragen und mit dem Anderssein des anderen wirklich auseinander zu setzen, Dinge beim Namen zu nennen, ohne Vorwürfe zu erheben, und so viel wie möglich von der Fremdheit des anderen zu hören, in sich aufzunehmen, zu integrieren. Immer nur Vertrautheit ohne auch mal Abstand und Fremdheit ist eher symbiotisch als partnerschaftlich. Stark wird eine Beziehung durch die Ungleichheit, nicht durch ständige Harmonie.

**„Unfassbar ist der Mensch,
den man liebt –
nur die Liebe erträgt ihn so“,**
hat Max Frisch einmal formuliert.

9.

Wie heißen wir nach der Hochzeit? Namensrecht und was Mann und Frau dabei fühlt

In den vergangenen zehn Jahren,

in denen ich als Theologe freiberuflich tätig bin, habe ich etwa 400 Paare getraut, habe mit jedem Paar zwei ausführliche Vorgespräche geführt, habe ein Gefühl dafür bekommen, wie ihre Beziehung funktioniert, wo ihre Stärken und Schwächen liegen. Bei diesen etwa 400 Paaren gab es einige, bei denen beide ihren Namen behalten haben, vor allem dann, wenn aus einer vorhergehenden Beziehung Kinder da waren und der entsprechende Elternteil nicht plötzlich einen anderen Namen tragen wollte als die Kinder. Dabei kam es dann manchmal auch zu Doppelnamen. Dies macht, grob überschlagen, etwa 10 Prozent aus. In all den Jahren aber habe ich genau vier Paare kennen gelernt, bei denen der Mann den Namen der Frau angenommen hat, sprich: in einem Prozent der Fälle. In etwa 90 Prozent der Fälle also hat die Frau den Namen des Mannes übernommen.

Ich weiß nicht, ob diesbezügliche Statistiken bei den Standesämtern geführt werden und ob meine Beobachtungen repräsentativ sind für einen Großteil der Bevölkerung, aber es reicht aus, sich doch mal Gedanken zu machen über die Frage, was denn da innerlich passiert, wenn die eine den Namen des anderen übernimmt.

Dazu gleich mehr; zunächst einmal ganz nüchtern ein paar

juristische Informationen[1]

zum Namensrecht bei der Eheschließung überhaupt und auch zum Namen der Kinder:

Seit dem In-Kraft-Treten des Familiennamenrechtsgesetzes zum 1.4.1994 steht es den Eheleuten grundsätzlich frei, ob sie einen gemeinsamen Familiennamen (Ehenamen) führen wollen oder nicht. Wird kein Ehename bestimmt, führt jeder Ehegatte den zur Zeit der Eheschließung geführten Namen auch nach der Eheschließung weiter.

Entschließen sich die Eheleute zur Führung eines gemeinsamen Ehenamens, sind sie an ihre einmal getroffene Entscheidung gebunden. Sie haben dabei die Wahl zwischen dem Geburtsnamen des Mannes oder dem Geburtsnamen der Frau. Doppelnamen, die sich aus dem Geburtsnamen des Mannes und dem der Frau zusammensetzen, können nicht zum Ehenamen bestimmt werden. Führt jedoch ein Ehegatte bereits einen Doppelnamen als Geburtsnamen, kann dieser zum Ehenamen bestimmt werden.

Derjenige Ehegatte, dessen Geburtsname nicht zum Ehenamen bestimmt wurde, hat grundsätzlich die Möglichkeit, seinen Geburtsnamen oder aber den Namen, den er zum Zeitpunkt der Eheschließung führte (beispielsweise den Namen aus einer früheren Ehe), als Begleitnamen dem Ehenamen voranzustellen oder hinzuzufügen. Es handelt sich dabei um einen persönlichen Namenszusatz, nicht um einen Teil des Familiennamens. Damit kann dieser zusammengesetzte Name auch nicht an Kinder weitergegeben werden. Die einmal gewählte Position des Begleitnamens ist bindend.

Um lange Namensketten zu vermeiden,

sind folgende Einschränkungen bei der Wahl eines Begleitnamens zu berücksichtigen: Besteht bereits der Ehename selbst aus mehreren

Namen, so kann diesem Namen kein Begleitname hinzugefügt werden. Ebenso wenig kann dem Ehenamen ein Begleitname vorangestellt oder angehängt werden, der selbst aus mehreren Namen besteht. Hier ist maximal die Hinzufügung eines dieser Namen erlaubt.

Die Namensfrage wird für Ehepaare, die bei der Eheschließung keinen Ehenamen bestimmt haben, spätestens dann wieder relevant, wenn sich Nachwuchs ankündigt. Allgemein gilt, dass Kinder automatisch den Ehenamen ihrer Eltern als Geburtsnamen erhalten, wenn diese bei der Geburt einen Ehenamen tragen. Haben die Eltern keinen Ehenamen bestimmt und sind sie für das Kind gemeinsam sorgeberechtigt – was bei ehelich geborenen Kindern der Regelfall ist –, können sie den Namen des Vaters oder den der Mutter zum Geburtsnamen des Kindes bestimmen. Die Wahl, die sie für die Benennung ihres ersten Kindes treffen, ist auch für alle weiteren Kinder bindend.

Bestimmen die verheirateten Eltern erst nach der Geburt ihres Kindes einen gemeinsamen Ehenamen, geht dieser automatisch auf das eheliche Kind über, sofern dieses das fünfte Lebensjahr noch nicht vollendet hat. Ältere Kinder können sich durch eigene Erklärung der Namensänderung anschließen. Um die Integration von unverheirateten Kindern aus einer früheren Ehe oder Beziehung in die neue Ehe zu fördern und etwaige Benachteiligungen aufgrund der Namensunterschiede zu vermeiden, kann diesen der Ehename aus der bestehenden Ehe erteilt werden; man spricht hier von einer Einbenennung. Der neue Name kann den bisherigen Namen des Kindes entweder ersetzen oder dem bisherigen Namen vorangestellt oder angefügt werden. Der andere Elternteil muss in die Erteilung, Voranstellung oder Anfügung des Namens einwilligen, wenn beiden Elternteilen die elterliche Sorge gemeinsam zusteht oder das Kind seinen Namen führt. Ist das Kind selbst älter als fünf Jahre, ist auch seine Einwilligung für die Einbenennung erforderlich.

So weit der juristische Part, nicht zu dröge, wie ich hoffe; aber es ist ja sicherlich auch ganz interessant, zumal wenn man selber betroffen ist. Doch nun zurück zu meiner eingangs geschilderten Beobachtung und der Frage, was denn dabei, sozusagen beziehungsmäßig, passiert.

Am Namen hängt ein Gutteil der Identität,

ich heiße nicht nur Müller, Schulze oder Meyer oder wie auch immer, ich bin eben auch Herr/Frau Müller, Schulze oder Meyer. Eigentlich ist es ein wunderschöner Ausdruck der Verbindung in der Ehe, wenn man den eigenen Namen abgibt zugunsten eines gemeinsamen Familiennamens. Denn es fängt ein neuer, gemeinsamer Lebensabschnitt an. Ähnliches passiert übrigens auch in Klostergemeinschaften, wo man, wenn man in die Gemeinschaft eintritt, einen neuen Namen erhält. Seit 1994 ist es für beide, für Mann und Frau, möglich, den Namen des jeweils anderen Partners zu übernehmen. Das ist, gemessen an der über Jahrhunderte geübten Praxis, dass die Frau den Namen des Mannes übernimmt, eine nahezu verschwindend geringe Zeit. Vielleicht müssen wir uns auch erst einmal den Zeitraum über eine oder zwei Generationen hinweg gönnen, bis es normal ist, dass dies auch tatsächlich von beiden Seiten aus so geschieht und nicht ein Mann, der den Namen seiner Frau annimmt, als Softi oder als Pantoffelheld angesehen wird oder sich vielleicht auch so vorkommt. Vom alten Bild des „Stammhalters“, einem Jungen eben, über den der Familienname des Mannes fortgesetzt wird, haben sich inzwischen doch schon einige verabschiedet zugunsten (immerhin) der Stammhalterin.

Aber kann man denn seine Identität einfach abgeben, gleichsam wie eine Jacke an die Garderobe hängen, und eine neue annehmen?

Natürlich geht das so nicht, und so soll es ja auch gar nicht sein. Ein Mensch ändert sich nicht einfach durch die Annahme eines anderen Namens. Aber „so ganz ohne" ist es auch nicht. Wenn man es einmal positiv betrachtet, so ist mit der Entscheidung für diesen einen Menschen ein ganz wichtiger Schritt im Leben vollzogen, es gibt neben dem „Ich" ab sofort ein institutionalisiertes „Wir". Eigentlich wäre es meines Erachtens nur konsequent, wenn man die Namensgebung freistellen und nicht unbedingt nur den Namen der einen oder der anderen Familie zur Auswahl stellen würde. Aber so schnell geht es dann wohl doch nicht.

„Darin bin ich einfach altmodisch", erklären mir junge (und natürlich auch weniger junge) Frauen, wenn ich sie frage, warum sie denn den Namen ihres Mannes annehmen wollen. Dass auch der Mann darin ähnlich denkt, ist nicht nur die Angst davor, den eigenen Namen abgeben zu müssen, es ist auch ein Einstieg in eine Tradition, deren Sinn und Bestimmungen man in allen Details nicht ganz nachvollziehen kann, zu der man sich aber bekennt, weil sie positive Früchte hervorbringt – was im

Übrigen kein Argument dafür ist, sich mit sinnlosen Bestimmungen nicht auseinander zu setzen oder sie zu ändern; aber vornean steht erst einmal die Aufnahme in eine endlos lange Reihe von geglückten Eheschließungen. Es gibt ihnen beiden auf diese „altmodische“ Art auch ein Gefühl der Zugehörigkeit, und das ist doch erst einmal gut so, oder?

10. Abenteuer Kinder

Plötzlich ist man nicht mehr zu zweit.

Nie mehr. Gewollt (meistens) oder nicht. Dieses „Nicht mehr zu zweit" beginnt nicht erst, wenn das Kind da ist, es beginnt schon mit der Schwangerschaft, mit dem Moment, ab dem man/frau gewahr wird, dass es so ist. Von dem Moment an verändert sich alles. Na ja, fast alles. Meist hat man sich bewusst dazu entschlossen, eine Familie zu gründen. Nicht selten ist dieser Entschluss auch der Anlass, nach Jahren des Zusammenlebens endlich zu heiraten.

„Nicht mehr zu zweit"
kann natürlich auch heißen:

Ich glaube, Kinder zu haben ist das aufregendste Abenteuer, das wir erleben können. Es ist der schwerste Beruf und die größte Herausforderung, die ich mir denken kann, und die glücklichste Erfahrung zugleich. Ich bin dankbar dafür!

Reinhard Mey

„Endlich zu dritt!"

Jedenfalls verschieben sich die Verhältnisse, die Aufmerksamkeit, die Ausrichtung der Beziehung. War diese bislang für sich ein ganz bestimmender Lebensinhalt, so wird sie jetzt selber in die Pflicht genommen, sie dient der Erweiterung zur Familie. Sie ist (und bleibt) die Basis, aber sie ist nicht mehr nur um ihrer selbst willen da, sie hat eine neue Ausrichtung, einen „Zweck". Manche Paare haben die Neigung, diesem Zweck fortan alles unterzuordnen und so ihre gemeinsame Basis aufs Spiel zu setzen. Auf einmal dreht sich, zumal bei der Mutter, alles nur noch ums Kind. Das rächt sich mit der Zeit, denn ebenso wie das Baby bedarf auch die Zweierbeziehung weiter der Pflege. Man muss ab sofort sogar einiges mehr dafür tun, um diese Pflege zu gewährleisten. Wenn dieses Ereignis der Schwangerschaft, das Wunder der Geburt eines Kindes, das Aufwachsen desselben zu Recht alle Aufmerksamkeit erfordert, so muss man eben doch aufpassen, dass im Sog dieses Geschehens auch in der Zweierbeziehung nicht etwas ins Hintertreffen gerät, sich nichts unausgesprochen aufhäuft. Es ist unabdingbar, sich Zeit für das Kind zu nehmen, aber es ist genauso(!) wichtig, sich Zeit für sich zu zweit zu nehmen. Das kann und wird meist weitaus weniger sein als zuvor, als man noch zu zweit war, aber es muss sie auch und gerade jetzt geben, diese Zeit und die Aufmerksamkeit für das Leben zu zweit: siehe „Up-Dates".

Welch ein Wunder

aber ist es, auf einmal gemeinsam ein Kind zu haben! Zu beschreiben ist das nicht, dieses tatsächlich „unsägliche" Glück, das einen in dem Moment überkommen kann, da man realisiert, was geschehen ist. Wer bislang meinte, die beiden Ehepartner zu kennen, wird sich öfters wundern, weil er solch eine gewaltige Verhaltensänderung kaum für möglich gehalten hätte. Sie sind auf einmal Eltern, haben einen Blick für Dinge, denen sie vorher kaum

Bedeutung beimaßen, der kleinste Fortschritt im Leben des Kindes wird zur Sensation. Zudem sind sie kaum mehr erreichbar, es ist vorbei mit kurzfristigen und leicht auszumachenden Verabredungen, für jede freie Stunde muss ein Babysitter her. Glücklich, wer die Großeltern in der Nähe wohnen hat, die dann bereit sind, den Enkel mal für eine Zeit zu übernehmen, ohne sich dafür dann in die Erziehung mit einzumischen. Das Abenteuer Kinder hat viele Dimensionen! Aber es bleibt ein lohnendes Abenteuer, auch dann, wenn die erste Begeisterung nachlässt. Es bleibt etwas übrig, das trägt.

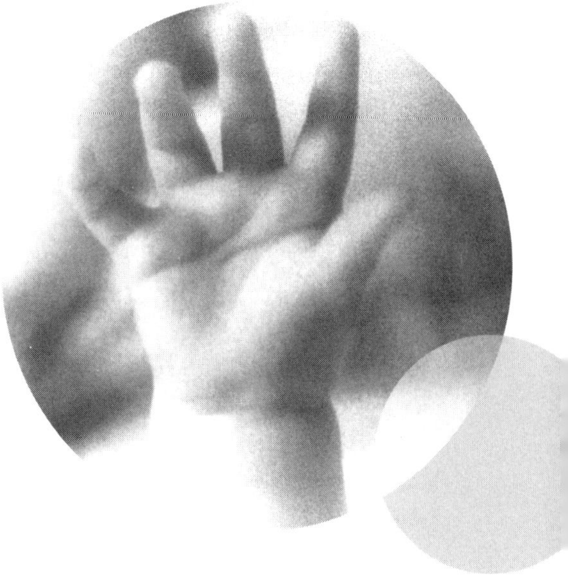

Eines noch:

Was ist, wenn man Kinder haben möchte, und man bekommt sie nicht? Manche Paare, die sich in ihrem Kinderwunsch trotzdem eine gewisse Selbstständigkeit und Unabhängigkeit von ihren Wünschen und Vorstellungen bewahrt haben, können damit gut umgehen. Es ist schade, man hat alles Mögliche versucht, aber es ist nicht so, dass ihr gesamtes Leben davon abhängt. Sie haben andere Dinge, denen sie sich zuwenden können, durch die sie sich andere Perspektiven bewahren oder neue erobern. Bei den meisten Paaren aber führt dieser Umstand zu einer gewaltigen Krise. Man hat die Beziehung stark auf die Perspektive „Kinder" fixiert, hat alles darauf hin ausgerichtet. Ich kenne Paare, die schon ein Haus gebaut hatten mit Kinderzimmern (Mehrzahl!) und die dann feststellen mussten, dass sie, aus welchen Gründen auch immer, keine Kinder bekommen können. Das oft jahrelange Bemühen, doch noch Kinder zu bekommen, erfordert nicht selten so viel Zeit und Einsatz, dass die gesamte Beziehung nur darauf ausgerichtet ist, nur davon lebt, „es" endlich zu schaffen. Und wenn es dann doch nichts wird, dann fehlt auf einmal die Basis, gemeinsam in eine andere Richtung zu gehen, dem Leben eine andere Sinnerfüllung, eine neue Ausrichtung zu geben.

So wie sich eine Beziehung total auf den Nachwuchs fixieren und darin verloren gehen kann, so kann sie eben auch darin verlieren, dass man ständig alles Mögliche tut, ein Kind zu bekommen. Dann schlägt man sich womöglich noch die (verständliche) Enttäuschung gegenseitig um die Ohren. Besser ist es, sich zwischenzeitlich auch einmal hinzusetzen und darauf zu besinnen, dass die Zweisamkeit nach wie vor Vorrang hat, dass es auch noch etwas anderes gibt als „das Projekt Kinder kriegen“. Es gibt noch mehr als Kinder: Du bist da, ich bin da – wir werden gemeinsam weiter gehen, wohin das Leben uns auch führt. Und vielleicht klappt es ja doch noch …

11.

Simply the Best

Was denn,
wenn wir nicht wären,
du für dich,
ich für mich,
wir für uns
und alle?

Das Beste, was mir je passierte,
trägt deinen Namen,
und doch ist es mehr als das.
Wir sind nicht die Antwort füreinander
auf alles und jede und jeden,
aber uns bindet ein Wort,
das wir uns versprechen
und das uns hält, wenn wir es halten,
das uns hilft zu leben,
in allem, was je passiert
und du das Beste darin.

Ich lasse mich fallen in deine Nähe,
bin ich, wie noch nie, bevor es dich gab;
bin Heimat dir, Zuversicht, Halt,
bin alles und nichts ohne dich.
Du bist mein Blickfang, mein Abendgebet,
bist Leben, wo vorher nichts war.

Das hat es noch nie gegeben,
bevor es dich gab.

12. Wir kennen uns schon so lange! Neue Anläufe

Eines gleich vorweg:

Es ist vollkommen normal, dass es in einer Beziehung Höhen und Tiefen gibt. Es gibt regelrechte Gezeiten, Ebbe und Flut, oft unterschiedlich lang. Schwierig wird es nur dann, wenn man kein Vertrauen mehr hat, dass der Ebbe auch wieder eine Flut folgen wird. Und schwierig wird es auch, wenn man solche Gezeiten und Veränderungen in der Beziehung gar nicht mehr wahrnimmt. Man „kennt das alles schon", man „weiß schon", wie der andere denkt, fühlt, reagieren wird. Es passiert einfach nichts Neues mehr.

In der Paartherapie

gibt es einen bekannten Satz von einem Psychologen namens Michael Lukas Moeller; er lautet: „Ich bin nicht du und weiß dich nicht.“ Der Satz steht als Überschrift in seinem Buch „Die Wahrheit beginnt zu zweit.“[2] Gemeint ist, dass man gerade in ganz nahen, sprich: Partnerbeziehungen, gut daran tut, davon auszugehen, dass man den anderen nicht kennt („weiß“); und das nicht nur am Anfang, wo das immer so ist, sondern auch nach Jahren – wo das auch so ist, nur dass die meisten Menschen sich dessen nicht mehr so bewusst sind. Wenn die Neugier fehlt, dann ist die Beziehung in Gefahr. Zu viel Nähe, zu viel Routine im Tagesablauf, zu viel Selbstverständlichkeit und vielleicht auch zu wenig Eigenständigkeit führen dazu.

Aber man kann auch wieder neugierig werden,

indem man einfach mal, sozusagen probeweise, davon ausgeht, dass man den anderen noch nicht kennen gelernt hat, so wie er/sie jetzt ist. Das kann, wenn man es tatsächlich einmal tut, nach relativ kurzer Zeit dazu führen, dass einem wirklich noch einmal die Augen aufgehen und man dann wieder dahin kommt, wo beide sagen können: Wir kennen uns noch immer nicht so ganz, und das wird auch hoffentlich immer so bleiben, denn du bist immer für eine Überraschung gut. Doch wenn ich jemanden wirklich kennen lernen will, dann bist du es!

Eine erste kleine Übung dazu habe ich bereits im Kapitel „Up-Dates“ beschrieben, dort aber ganz im Kontext der Pflege der Zweisamkeit. Hier möchte ich Ihnen, gleichsam als Fortsetzung, eine andere Übung nahe legen, die Michael Lukas Moeller beschreibt. Keine Sorge. Sie sind damit noch lange nicht „reif für eine Therapie“, es geht hier lediglich um „beziehungserhaltende Maßnahmen“, um den einen oder anderen konkreten Hinweis, aus eigener Kraft neue Anläufe zu machen; und so etwas gibt es in jeder Beziehung.

Die Übung,

wie Moeller sie beschreibt, bedarf pro Woche eines Zeitraums von eineinhalb Stunden. Sie soll regelmäßig gemacht werden, d.h. einmal in der Woche. Das wird Ihnen sicherlich viel vorkommen, ich überlasse es Ihnen gerne, sich da wirklich hineinzubegeben. Hier sozusagen als „Schnupperprobe“ nur mal eine kleine Vorübung:

Nehmen Sie sich zu zweit einmal eine Stunde Zeit, wirklich 60 Minuten, nicht weniger; setzen Sie sich einander gegenüber auf einen Stuhl oder auf den Boden; sorgen Sie für Stille, eine gute Atmosphäre, frei von jeglicher Störung (Telefon!), und versuchen Sie einmal, diese eine Stunde konzentriert darüber zu reden, wie es Ihnen selbst in der gemeinsamen Beziehung ergeht, was Sie fühlen, wie Sie sich fühlen, welche Entwicklungen Sie an sich selber beobachten und so weiter. Wichtig bei dieser Übung ist, dass Sie nur für sich und nur über sich reden, d. h. nicht aufeinander eingehen, keine Fragen stellen, keine Ratschläge geben. Sie können es am besten so gestalten, dass Sie sich abwechselnd jeweils zehn Minuten Redezeit geben. Dass Sie dabei absolut ehrlich sich selbst und dem anderen gegenüber sind, versteht sich in diesem Kontext von selbst.

Vielleicht erscheint Ihnen diese Übung ganz schön schwer, aber ich verspreche Ihnen: Es lohnt sich.

Riskieren Sie doch mal 'ne Stunde ...

Zum Abschluss

noch einen kurzen Text von Anne Morrow Lindberg aus dem Buch „Muscheln in meiner Hand“[3], in dem ich viel von dem wiederfand, was ich eingangs über die Gezeiten in der Liebe beschrieben habe:

Wenn man jemanden liebt, so liebt man ihn nicht die ganze Zeit, nicht jede Stunde um Stunde auf die gleiche Weise. Es wäre sogar eine Lüge, wollte man diesen Eindruck erwecken.

Und doch ist es genau das, was die meisten von uns fordern. Wir haben so wenig Vertrauen in die Gezeiten des Lebens, der Liebe, der Beziehungen. Wir stürzen uns begeistert in die Flut und verweigern uns mit Entsetzen jeder Ebbe, weil wir fürchten, dass die Flut nie wiederkommt.

Wir drängen auf Beständigkeit und Dauer, wo doch die einzig mögliche Kontinuität im Leben wie in der Liebe Wachsen, Fließen, Freiheit ist; eine Freiheit im Sinne von Tänzern, die sich kaum berühren und doch Partner in der gleichen Bewegung sind.

Die einzig wirkliche Sicherheit liegt nicht im Besitz, nicht im Fordern und Erwarten, nicht einmal im Hoffen.
Die Sicherheit in einer Beziehung liegt weder im Blick zurück noch darauf, was sein könnte, sondern im Leben, in der Gegenwart und im Akzeptieren dessen, was ist.

13. Mehr als Zufall – Gott und Liebe

Das, was man zu zweit in Verliebtheit und Liebe erlebt –

man kann auch sagen: erleben darf –, ist mehr als nur Zufall. Wenn man einen Menschen liebt, dann erfährt man auch immer etwas von der Liebe selber, und die ist, wie man in manchen Momenten spüren kann, größer als das, was zwei Menschen selber „machen" können. Ökonomisch formuliert: Die Liebe, die man erlebt, ist mehr als die Summe der Einzelinvestitionen (plus Zinsen). Man fühlt sich darin aufgenommen, von ihr geleitet, und manchmal ist sie so groß, dass man gar keine Worte mehr dafür findet. Manche nennen das, wofür man keine Worte mehr hat, „Gott", aber das ist nur ein Name und als solcher gar nicht so wichtig. Hauptsache, man lebt diese Liebe, hört auf sie, achtet sie, lässt sie nicht absterben oder einschlafen. Dafür muss man auch etwas tun, füreinander etwas tun und für sich selbst und voreinander total ehrlich sein – zugleich ist Liebe ein Geschenk, immer wieder. Auf einen ganz einfachen Nenner gebracht: Wer wirklich liebt, der wird früher oder später beim Lieben Gott ankommen, egal unter welchem Namen. Das Umgekehrte gilt auch: Wer nicht liebt, hat auch von Gott keine Ahnung. Manchmal muss der Liebe-Gott schon merkwürdige Wege gehen, um Eingang zu finden. Aber das, was man da zu zweit so ganz konkret miteinander erlebt und was ja auch eine Menge Einsatz gekostet und sicher auch noch kosten wird, das sind zugleich die Wege, entlang derer Liebe entsteht, sich manifestiert. Es gibt keinen anderen Weg, keinen anderen Zugang zur Liebe und zu Gott als diese eine Wirklichkeit.

Ganz wichtig ist, dass man sich, alleine und zu zweit, ein Gefühl dafür bewahrt, was wirklich echt ist, und für das, was über diese Wirklichkeit hinausgeht, über sie hinaus verweist, was „größer" ist oder „mehr". Es gibt mehr zwischen Himmel und Erde als das, was wir gemeinhin wahrnehmen. Keine zweite, davon unabhängige Wirklichkeit oder ein Paralleluniversum, sondern eine andere, tiefere oder „höhere" Dimension eben dieser Wirklichkeit. Es gibt nur diese, aber die ist unendlich weit und tief. Man kann ein Gespür dafür bekommen. Voraussetzung dafür ist etwas ganz

Nüchternes, nämlich die totale Ehrlichkeit vor sich und dem anderen. Wer nicht absolut aufrichtig ist, verbaut sich die Tür zur Transzendenz. Die Fühler oder Antennen dafür sind ein Gefühl für echte Zärtlichkeit, ist Sehnsucht nach Erfüllung, die über das hinausgeht, was ein anderer Mensch allein einem bieten kann. Es gibt Zeiten im Leben, in denen sich auf diese Sehnsucht irgendwie andere Schichten drauflegen, nicht selten so fest wie eine Hornhautschicht. Es gibt auch Paare, die sich auf einem für beide irgendwie erträglichen Level arrangiert und ihre tiefste Sehnsucht gleichsam abgeschafft haben. Das kann man ändern, man kann sich wieder neu berühren lassen. Es ist gut, wenn man ab und zu einmal daran erinnert wird, dass sie tatsächlich noch da ist, die Sehnsucht nach wirklicher Liebe, nach „mehr"; und dass man in manchen Momenten – und das ist heute, das ist jetzt – die Verbindung mit ihr, mit dieser Sehnsucht, mit dieser Liebe wieder aufnimmt. Der Anlass kann ein ganz nichtiger sein oder es ist ein anderes Paar, das man sieht, das man sich bei der Hochzeit Dinge versprechen hört, an die man selbst auch einmal geglaubt hat. Man kann, wenn man sich wirklich von der Liebe berühren lässt, auch wenn man sie vorerst nur bei anderen so sieht, diese Sehnsucht wieder aufkommen und erwachsen lassen. Das geht!

Es gibt Wegweiser dazu,

zum Beispiel früher gemachte Erfahrungen, auf die man zurückgreifen kann; es gibt Menschen, bei denen man spürt, dass sie ein tiefes Wissen von Liebe haben; es gibt Anregungen in Filmen und Büchern. Und ganz ernsthaft und ohne jeden Weihrauch oder Bekehrungsdunst: Man kann auch einfach mal die Bibel lesen; hat ja inzwischen längst nicht mehr jeder im Bücherschrank stehen, ist aber für jede und jeden erschwinglich. Wie wär's damit, einfach so für ein, zwei Stunden das Markusevangelium zu lesen oder das von Matthäus. Ich selbst habe im Laufe meines Lebens einiges davon und darüber gelesen und auch das Fach studiert, aber ab und an lese ich eines der Evangelien einfach so als Bettlektüre, wie einen Roman.

Da steckt eine Menge Liebe drin!

14. Verpasste Chancen – neue Chancen: „Zweittäter"

Dieses Kapitel

möchte ich vor allem den „Zweittätern" widmen, denen, die schon einmal verheiratet waren und einen neuen Anlauf genommen haben oder jetzt gerade im Begriff sind, ihn zu nehmen. Das gilt auch für die, die ohne Trauschein eine langjährige intensive Beziehung gepflegt haben, die aus irgendeinem Grunde gescheitert ist. In meiner Praxis als freiberuflicher Theologe habe ich gerade mit solchen „Zweittätern" vermehrt zu tun. Ich möchte ihnen Mut machen, weiterzumachen; nicht die Zahl der Verbindungen und Ehen hochzutreiben, sondern in der neuen Situation, in der neuen Beziehung durch die Engpässe, die es vorher gab, hindurchzugehen. Denn sie haben in vielen Fällen schon Mut bewiesen, nämlich den, aus einer aussichtslos gewordenen Situation herauszukommen (manche werden na-

> Verpasste Chancen sind immer auch eine Erleichterung – nichts ändert sich.
>
> John van Duffel

türlich auch regelrecht hinausgesetzt) und noch einmal neu anzufangen. Man wird nämlich sehr schnell feststellen, dass in einer neuen Beziehung, zumindest wenn man sie ernst nimmt und nicht einfach Lücken füllt, einem all das noch einmal aufgetischt wird, was man in der vorherigen hat liegen lassen. Man wird, wenn man innerlich aufmerksam lebt, noch einmal und immer wieder dorthin geführt, wo man sich nicht (mehr) weiterentwickelt hat, wo die Beziehung schief gelaufen ist, wo die Entzweiung begann, wo man etwas Wesentliches hat liegen lassen oder nicht vollzogen hat. Wohlgemerkt, ich spreche hier nicht von Schuld und dergleichen, das mag im einen Fall so, im anderen anders liegen, aber es gibt in jeder Trennungssituation einen Eigenanteil, dem man auf die Dauer auch in der neuen Beziehung nicht entweichen kann, zumindest wenn man ehrlich und aufmerksam ist und die neue Beziehung echt ist, auf den Boden kommt und nicht an der Oberfläche hängen bleibt.

Jetzt haben Sie die Möglichkeit,

die Chance, die Dinge nicht mehr liegen zu lassen. Voraussetzung ist, dass man sich, ohne den „Blick zurück im Zorn“, sondern weitestgehend frei und aus einem gewissen Abstand heraus, darüber klar wird, welche Chancen man in der vorherigen Beziehung nicht genutzt hat. Ich stelle das bewusst auf diese Art, gleichsam positiv, hin, denn natürlich gibt es auch schuldhaftes Scheitern, Dinge, die man bereut usw. Aber jetzt ist es wichtig, aus dem Vergangenen zu lernen, nicht wieder dieselben Fehler zu machen. Denn auch wenn man sich vielleicht geschworen hat: „So nie wieder!“, nimmt man halt doch sich selbst, den eigenen Charakter, die eigene Denkart, die vielen Gewohnheiten wieder mit. Und es ist verführerisch, Chancen zu echter Veränderung auszulassen. Sie haben nämlich, wie es in dem Motto zu diesem Kapitel so treffend formuliert ist, einen gewaltigen „Vorteil“: Wenn man Chancen verpasst, dann braucht man sich auch nicht wirklich zu ändern, sondern kann mit viel Palaver um die ewig gleichen Dinge, Fragen und Probleme kreisen, ohne jemals zu einer wirklichen Lösung kommen zu müssen. Das gilt übrigens längst nicht nur für Zweittäter, sondern die Problematik stellt sich genauso bei jedem echten Entwicklungsschritt in der Ehe und übrigens auch in dauerhaften Freundschaftsbeziehungen. Wenn man diese Gelegenheiten auslässt, führt dies auf die Dauer (mit) zum Scheitern. Wenn Sie ein klein wenig von Fußball verstehen: Bevor der Torwart hinter sich greifen muss, ist meist vorher schon einiges schief gegangen: Dem ging z. B. ganz vorne oder im Mittelfeld ein Ballverlust voraus oder ein verlorener Zweikampf. Mit Glück und Einsatz kann man den Ball noch zurückerobern, aber wenn er drin ist, hat es wenig Sinn, allein auf die Verteidigung oder den Torwart zu schimpfen.

Fragen Sie sich

doch einmal ernsthaft, welche Chancen es in der vorhergehenden Beziehung gab, die Sie selber womöglich nicht genutzt haben; und fragen Sie sich vor allem, welche Chancen es jetzt gibt, da Sie mehr oder weniger am Anfang einer neuen Bindung stehen.

Man bekommt – nicht immer, aber oft genug – eine zweite Chance, manchmal sogar eine dritte. Es kommt darauf an, sie zu nutzen, d. h. den Fragen, die sich stellen, offen zu begegnen, auf sie einzugehen und sich tatsächlich zu ändern. Das geht!

Wenn man

in der ersten Ehe gemerkt hat, dass es nicht genug Kommunikation zwischen den Partnern gab und dass man sich dadurch auseinander gelebt hat, kann man das ändern. Wenn man spürt, dass man trotz allem Bemühen nicht wirklich erwachsen geworden ist, am Partner geklebt hat und ihm oder ihr, ausgesprochen oder nicht, Aufgaben delegiert hat, die man selbst hätte erledigen müssen, kann man das ändern. Wenn man zu wenig Selbstwert erfahren oder aufgebaut hat und der andere dies vielleicht sogar ausgenutzt hat, um einen klein zu halten oder zu erniedrigen, kann man auch das ändern. Wenn man umgekehrt Aufgaben und Verantwortung für den anderen mit übernommen hat, womöglich direkt oder indirekt Kontrolle ausgeübt hat: Man kann es ändern,

und man kann zu einer gleichberechtigten und zu einer gleichwertigen, von beiden Seiten getragenen, „coengagierten" Beziehung finden.

15.

Segen für die Brautleute

Ihr habt euch vor unseren Augen und Ohren für immer verbunden.

Ihr habt versprochen, in der Liebe zu bleiben.

Ihr seid für immer Mann und Frau.

Möge Gottes Liebe, der „Liebe-Gott", bei euch sein, über euch wachen und euch die Kraft geben, alles durchzustehen und gemeinsam mit echtem Leben zu füllen, was auch immer euch auf eurem Lebensweg begegnet.

Bleibt wahrhaftig, bleibt in der Liebe, denn die Liebe ist Gott auf Erden!

Möge sie zwischen euch wachsen und reifen und fruchtbar sein.

Möge sie die ganze Welt, die ganze Schöpfung ein Stück mehr zu dem werden lassen, was sie ist, was wir alle sind und was ihr seid:
einfach göttlich.[4]

[1] An diesem Teil des Kapitels hat Rechtsanwalt David Frinken, Fachanwalt für Familienrecht in Bornheim bei Bonn, maßgebend mitgearbeitet.

[2] Michael Lukas Moeller,
Die Wahrheit beginnt zu zweit.
Das Paar im Gespräch.
Rowohlt-Verlag, 21. Aufl., 2004

[3] Anne Morrow Lindberg,
Muscheln in meiner Hand
© Piper-Verlag GmbH, München 2004

[4] Der letzte Teil der Formulierung geht zurück auf meinen Kollegen Klaus Behner aus Hamburg –
mit Dank für die Genehmigung.

Wenn Sie Kontakt aufnehmen wollen mit dem Autor oder weitere Informationen zum Thema Heiraten suchen:

www.anders-heiraten.de